DEUX ÉLECTORATS

PARIS

IMPRIMERIE BALITOUT, QUESTROY ET Cᵉ

7, rues Baillif, et de Valois, 18.

LES DEUX

ÉLECTORATS

PARIS

E. DENTU, LIBRAIRE-ÉDITEUR

PALAIS-ROYAL, 17 ET 19, GALERIE D'ORLÉANS

1874

LES DEUX ÉLECTORATS

DE LA NATION

Les lois dites constitutionnelles sont en fusion; le suffrage universel, assiégé de toutes parts, n'a que de rares défenseurs; l'un d'eux, M. Edouard Boinvilliers, a démontré péremptoirement qu'il n'y a ni utilité ni intérêt à remplacer le suffrage universel par un système de cens plus ou moins élevé. En politique, en effet, le bourgeois est au moins aussi révolutionnaire que le prolétaire, et le campagnard est plus conservateur que le citadin même censitaire.

Je suis absolument de l'avis de M. Boinvilliers sur ce point, et je m'étonne qu'après les révolutions de 1789, 1830, 1848, faites par la bourgeoisie et ses élus, après la reconstitution de l'ordre social sans cesse opérée par le peuple, il puisse être encore nécessaire de démontrer cette vérité évidente : « *En France, la démocratie est infiniment plus respectueuse des principes d'autorité que les citoyens compris dans la classe qu'on appelle moyenne, parce qu'elle est envieuse de toutes les supériorités et dédaigneuse de toutes les infortunes.*» Mais ce point de vue purement militant est-il le seul à examiner ? Je ne le pense pas, et défendre le suffrage universel uniquement en démontrant qu'il n'est pas nuisible, me paraît insuffisant.

Je voudrais, examinant le côté moral de la question, démontrer que l'égalité du vote politique est de droit étroit. M. Boinvilliers me classera parmi les radicaux, il se trompera étrangement, je suis tout simplement Français, c'est dire démocrate et chrétien, et j'affirme comme article de foi que le suffrage universel est en même temps de droit divin et de droit national.

Pour le soutenir je n'ai pas besoin de prétendre que la France a jusqu'à ces dernières années vécu dans la servitude, je crois au contraire que jusqu'à Louis XIV la France a toujours été appelée à faire elle-même sa destinée. Mais quand même ce droit de la démocratie aurait été découvert tout récemment, serait-ce une raison pour le repousser? Non, pas plus que les Juifs n'ont eu raison de crucifier Notre-Seigneur parce qu'il apportait une doctrine nouvelle qui stigmatisait leurs anciennes coutumes.

Le suffrage universel est de droit divin, et j'ajoute *d'origine chrétienne*. N'est-ce pas, en effet, le christianisme qui dans les Catacombes de Rome proclamait sainte la loi du nombre et faisait élire les Pasteurs à voix égales par les patriciens, les plébéiens, voire même les esclaves, établissant ainsi, du premier coup, l'égalité absolue entre tous ceux qui avaient la même croyance, quelles que fussent d'ailleurs leurs conditions sociales.

On objectera, il est vrai, que les premiers chrétiens ne cherchaient dans leurs élections que la solution de droits moraux et le choix de directeurs des âmes. Soit; je reconnais que les intérêts matériels ne doivent pas être gouvernés de la même manière que les intérêts moraux, et je vois même dans la confusion obstinée et permanente faite par les esprits les plus éclairés entre ces deux éléments absolument opposés, la cause de toutes les erreurs des systèmes qui sont soumis, en ce moment, à la commission des lois constitutionnelles. Mais une nation ne serait-elle donc que la réunion d'intérêts matériels, et serait-il vrai que la question d'impôts soit la plus importante de celles qui sont soumises au vote national? Je le nie.

Certes, je ne conteste pas la réelle et légitime importance des intérêts matériels, je crois même que les tendances révolutionnaires des classes aisées tiennent à l'absence regrettable de cohésion et d'organisation légale de ces intérêts; mais ceci est la base de l'idée communale, j'y reviendrai.

Quant à l'idée nationale, à l'idée de patrie, je crois qu'elle procède, au contraire, de l'ordre moral et se rapproche beaucoup de l'idée religieuse.

Les nations, en effet, ne se forment pas par le rapprochement réfléchi d'individus associant des possessions identiques pour produire à bon marché; elles se fondent par des similitudes et des analogies de goûts, de caractères, de tendances, combinées, fusionnées, unifiées par des accidents imprévus et involontaires, dont la succession logique, inévitable, fatale, témoigne de l'intervention divine; une nation ne se compose pas de champs juxtaposés : elle peut se déplacer, on la comprend même nomade, emportant et conservant ses traditions, ses mœurs, sa religion, tout en abandonnant ses propriétés, son sol. — Un territoire, au contraire, peut être habité successivement par des nations différentes; donc, l'idée de nation est indépendante de l'idée de possession, d'intérêts matériels. Le nom de France fait vibrer en nous bien des sentiments avant que nous ne pensions aux quetions du budget: ce sont les souvenirs historiques, ce sont les gloires ou les hontes, ce sont les génies qu'elle a produits, c'est son honneur dont nos honneurs individuels sont solidaires, c'est le rôle qu'elle a joué dans la civilisation et celui que l'avenir lui réserve.

Tout cela est d'ordre moral ou divin; chacun éprouve ces sentiments indépendamment de sa fortune et de l'impôt qu'il paie; chacun a le même intérêt, le même droit à élire le pouvoir qui donnera le mieux satisfaction aux tendances, aux besoins moraux de la nation tout entière, comme chacun a un égal devoir de donner son sang pour l'honneur de la patrie; et l'on peut dire que le patriotisme doit marcher de pair avec les sentiments et croyances religieuses.

Cette thèse est-elle exclusive de l'idée d'hérédité monarchique? je ne le pense pas : j'ai dit que tous les citoyens ont des droits égaux et qu'aucune classe ne peut prétendre gouverner à l'exclusion d'une autre ; mais les droits de chacun et de tous ont une limite, la volonté divine, et l'on peut parfaitement admettre qu'à défaut d'une manifestation directe, comme Dieu daignait en faire entendre au peuple juif, le fait de la succession au trône de plusieurs générations d'une même race, imbue des idées, des tendances, des sentiments de la nation, grandissant avec elle, participant à ses gloires et à ses revers, soit une preuve de l'élection faite par Dieu de cette race pour être l'instrument des destinées de la nation, peut-être même de ses châtiments.

Mais il faut admettre de même, et comme corollaire nécessaire, qu'à certaines phases de l'histoire d'un pays, le rôle pour lequel la dynastie souveraine avait été choisie étant rempli, ou le peuple ayant démérité, ou cette dynastie ne vibrant plus des mêmes pulsations que la conscience nationale, Dieu peut manifester sa volonté de mettre fin à une souveraineté devenue inutile. Cette manifestation peut se produire, soit par la stérilité de la race souveraine ou la lèpre morale dont il l'afflige, soit par les divisions qu'il jette entre les membres de la famille royale et les germes de discorde qu'il laisse se répandre dans la nation elle-même, soit par des crimes de lèse-nation ou de lèse-royauté. Quoi qu'il en soit, l'anarchie existe, il n'y a plus de pouvoir traditionnel ; que faire ?

L'Evangile nous enseigne que les nations et les maisons divisées périront ; mais c'est un saint, saint Grégoire de Tours qui nous apprend comment se manifeste la volonté de Dieu dans les affaires humaines et qui résume toute la théorie du droit divin dans la fameuse maxime : « *La voix du peuple c'est la voix de Dieu.* »

En face d'une doctrine si grandiose que deviennent les mesquines prétentions du maître cordonnier qui refuse au vote de son commis ou de son ouvrier une valeur égale à celle de son propre vote ? Que devient la gloriole de l'avocat ambitieux ou de l'académicien quinteux voulant donner à la sentence que lui dictent ses haines ou ses amitiés une valeur qu'il dénie à l'opinion puisée dans les voix de la nature par le laboureur illettré ? Que devient le pharisaïsme de certains évêques refusant de rendre à César, personnification du peuple, ce qui est à César, et prétendant exercer sur les affaires de l'Etat une direction théocratique contraire à la volonté du peuple? Tous sont obligés de courber leurs vanités, leur égoïsme orgueilleux, leurs passions et leurs rancunes devant la voix de la conscience populaire.

Le suffrage universel, institution de droit canonique est encore et surtout de droit français.

Je pourrais le démontrer par l'analyse philosophique du caractère national empreint surtout d'un sentiment égalitaire individuel que nul ne peut nier et qui porte chacun, par orgueil, si vous voulez, ou par une juste appréciation de la souveraineté divine de sa conscience, à se croire au moins l'égal de son prochain, à ne vouloir être par naissance le subordonné d'aucun et à n'accepter d'autre supériorité hiérarchique que celle qu'il a librement consentie pour obtenir certains avantages correspondants. Mais à des théories spéculatives on peut toujours opposer d'autres théories, en apparence non moins fondées.

D'autre part, je ne voudrais pas avoir l'air de flatter l'orgueil des masses : autant je suis sincèrement démocrate, autant j'ai horreur des démagogues, ces courtisans de la foule qu'ils trompent dans un intérêt personnel et bas,

Je veux une démonstration plus précise et je la cherche dans les faits. Je ne soutiendrai certes pas que le suffrage universel, tel que nous l'avons vu fonctionner depuis vingt-cinq ans, soit d'origine ancienne dans notre droit public, mais le mode de votation ne doit pas être confondu avec le droit de faire prévaloir l'avis de la majorité nationale sur les goûts, les instincts ou les prétentions de domination de telle ou telle caste. Et, quant à ce droit, si l'on contestait qu'il ait servi de base à la fondation de nos deux premières dynasties, on ne contesterait pas, sans doute, que l'histoire des Capétiens ne soit la narration de l'intime alliance de la démocratie, formant l'ensemble de la nation, avec la royauté issue du sang national, contre la féodalité qui gouvernait les provinces par droit militaire.

C'est le triomphe de l'élément national et l'obtention par Richelieu du but poursuivi depuis tant de siècles, qui amena le complet épanouissement, sous Louis XIV, de la puissance nationale et royale.

Malheureusement, le premier but atteint, la royauté ne comprit plus l'effort qui restait à faire pour organiser cette démocratie victorieuse, et lui ouvrir une nouvelle carrière à parcourir. L'aristocratie, de son côté, acceptant peut-être trop facilement sa défaite, se transforma en satellite de ses vainqueurs, et se fit complice des plus honteuses débauches. De là deux règnes de paralysie royale et un siècle de cascades révolutionnaires, accompagnées de tous les symptômes d'où nous devons conclure que Dieu s'est retiré de la vieille dynastie souveraine, et a rendu la parole à la France, à moins que, voulant encore la punir, il ne permette à ses vainqueurs d'hier de lui imposer un gouvernement hostile, soit à ses mœurs démocratiques, soit à ses croyances catholiques.

Chassant de notre pensée cette sinistre hypothèse, voyons comment la France pourra exprimer sa volonté, c'est-à-dire la volonté de Dieu.

Si le pays a le droit de déléguer le gouvernement à un souverain ou à un dictateur, il a bien aussi le droit, comme on l'a dit, de se démettre du vote au profit d'une classe de citoyens reconnus, soit à raison de l'impôt qu'ils paient, soit par tout autre criterium, comme plus aptes à l'exercice des droits politiques.

Je ne veux pas rechercher si, en fait, les patriciens de la fortune ont, en effet, plus d'aptitude gouvernementale que les plébéiens ; le contraire est prouvé.

Je ne veux pas rechercher davantage s'il serait équitable et sensé que, dans une nation qui vient de décréter le service militaire obligatoire, et qui a toujours consenti à la plèbe le droit de se faire tuer pour la communauté nationale, on vînt dire à une catégorie de citoyens : la patrie prend votre sang quand elle en a besoin, elle a confiance en votre courage au point de vous confier son honneur, elle sait que vous avez assez l'amour d'elle pour que le soin de défendre son territoire vous appartienne au même titre qu'aux plus nobles; elle croit assez à votre intelligente initiative pour vous permettre d'accéder aux plus hautes dignités militaires ; mais quand il s'agit de choisir le chef qui tiendra le drapeau national, ou les députés qui décideront les questions de paix ou de guerre dans lesquelles vous serez engagés, et d'où dépend d'abord cet honneur national que vous défendez ensuite, la patrie ne croit plus ni à votre courage, ni à votre amour, ni à votre intelligence, à moins qu'outre l'impôt du sang, vous ne payiez, chaque année, 20 ou 25 francs de contribution pécuniaire.

Je ne discute pas cette théorie, elle ne peut se soutenir et je me contente de plaindre ceux qui ne sentent pas l'iniquité d'un pareil raisonnement.

Mais je cherche comment, même le voulant, on pourra donner cette délégation gouvernementale à telle ou telle catégorie de contribuables. Car enfin, pour constituer un mandat, il faut un mandant, et il est indispensable que ce mandant ait la parole. Pour que la nation use du droit d'abdiquer entre les mains d'une classe, il faut que la nation soit consultée. Vous voyez bien qu'il vous faut au moins une fois recourir au vote de tous les nationaux.

Il est donc démontré :

1° Que le suffrage universel est plus conservateur que le suffrage censitaire ;

2° Que, d'origine catholique, le suffrage universel est la base fondamentale, équitable, de notre droit public français;

3° Que, voulût-on le supprimer, on se heurterait à la nécessité de le consulter sur sa suppression, c'est-à-dire de le reconnaître.

Dire que le suffrage universel ne doit pas et ne peut pas être supprimé, c'est dire qu'il sera maintenu dans son intégralité et qu'on ne créera notamment aucune condition de domicile ni aucune autre des modifications proposées actuellement et qui équivalent à une suppression déguisée. On comprend en effet que si tous les Français ont le même droit et le même intérêt à prendre part aux décisions qui concernent la nation, il importe peu que tel ou tel habitant de Saint-Brieuc vienne habiter Marseille; les questions nationales qu'il aura à traiter dans la seconde ville seront les mêmes que celles qui lui étaient soumises dans la première; les six mois de domicile actuellement exigés pour l'inscription sur la liste électorale, ne doivent pas être considérés comme une restriction au droit de vote, mais seulement comme un délai pendant lequel l'exercice du droit est rendu impossible par les nécessités de constater l'identité et l'état civique de l'immigrant dans une localité nouvelle.

Je serais du reste très porté à réduire à trois mois ce délai, sans attacher aucune importance à ce point qui ne touche qu'une question de pratique et non, je le répète, une question de droit.

DE LA MUNICIPALITÉ

Les raisons péremptoires qui défendent le suffrage universel, indiquent par leur nature même qu'elles s'appliquent au droit public français. Peuvent-elles régler de même le droit communal? Oui, si l'on veut dire par là que tous les intéressés à la prospérité communale doivent prendre part aux élections municipales; non, si l'on comprenait que tout citoyen français qui se trouve résider plus ou moins accidentellement dans une commune et qui doit, par ce seul fait, et sous réserve de la constatation de son identité, y prendre part aux élections politiques, eut, en même temps, le droit de participer à la gestion des intérêts communaux, en contribuant à l'élection des conseillers municipaux.

Il importe peu, en effet, au fonctionnaire qui habite momentanément la ville où sa fonction le retient, que les deniers communaux de cette localité soient sagement ménagés; et l'ouvrier agricole ou industriel qui vient gagner un salaire chez un cultivateur ou un patron qu'il quittera dans quelques années, quelques mois peut-être, n'a pas d'intérêt aux améliorations ou aux économies que peuvent désirer les vrais habitants de la commune. Il n'a donc pas le droit de s'occuper des affaires communales et de voter pour l'élection des conseillers municipaux.

On m'objectera, il est vrai, que cet ouvrier, ce fonctionnaire payent l'impôt communal des prestations; mais je ne m'arrête pas à cette objection produite, comme le désir de rétablir un cens en matière politique, par cette fausse idée que le droit électoral en général est basé sur le payement de l'impôt. Pour moi, au contraire, il faut, pour être électeur, soit national, soit communal, avoir un intérêt à la bonne décision des questions soumises au vote.

L'étranger qui vient habiter la France paye l'impôt des portes et fenêtres; s'il se fait commerçant, il paye l'impôt des patentes; en tous cas, il paye les impôts de consommation. Et cependant personne ne songe à lui donner le droit d'électorat, à moins qu'ayant rendu de signalés services à la France, il n'ait mérité d'être naturalisé Français. C'est que le payement de l'impôt ne peut pas être la base d'un droit politique, mais doit être considéré comme l'équivalence d'avantages causés par l'habitation au milieu de la nation. De même pour l'ouvrier ou le fonctionnaire dont je parlais tout à l'heure, le payement des prestations communales n'est que la représentation de l'usure qu'ils font des chemins ou des édifices communaux, mais ne peut en rien modifier leur affection pour leur ville natale, et faire que ce qu'on a appelé l'intérêt de clocher s'applique à leur nouvelle résidence.

Et il me paraît aussi absurde, on me passera le mot, de faire nommer le Conseil municipal d'une commune par la section du suffrage universel français résidant sur cette commune, qu'il le serait de faire élire le conseil d'administration d'un chemin de fer par les voyageurs, par cela que ceux-ci contribuent à la prospérité de la Compagnie, ou en sens contraire de confier aux actionnaires la sauvegarde des voyageurs et de faire élire un souverain, porte-drapeau de l'honneur français, par une réunion de quelques propriétaires fonciers, cette réunion s'appelât-elle Assemblée nationale, constituante et souveraine.

Par qui donc, me demandera-t-on, doit être nommé le Conseil municipal? Par les personnes qui ont l'intérêt du clocher, par les actionnaires du fonds communal ou municipal. Je ne veux pas donner à ma réponse une forme plus limitative et absolue qui pourrait empêcher l'adhésion de bons esprits arrêtés par des questions de nuances; je dirai cependant, sous la réserve de toutes les omissions qui pourraient m'être signalées, que, dans ma pensée, les vrais actionnaires de la commune, c'est-à-dire ceux qui ont intérêt à sa prospérité morale ou matérielle, sont :

1° Tous les citoyens qui étant nés sur cette commune l'habitent au moment;

2° Tous les propriétaires ou quasi-propriétaires fonciers de la commune; et ceux-ci non parce qu'ils paient un impôt foncier, mais en raison des avantages que leurs propriétés retireront des avantages communaux.

Adopter ce principe, ce serait assurer une meilleure gestion des deniers de toutes les communes de France, sans porter atteinte à la centralisation nécessaire et indispensable de l'autorité, puisque c'est le conseil chargé du contrôle qui, seul, se trouverait avoir une origine plus communale qu'étant élu par les électeurs nationaux dont la mission n'est pas de choisir les capacités financières.

Dans ma pensée le Maire devrait plus que jamais être nommé par le pouvoir exécutif et pris en dehors du conseil municipal; les inconvénients signalés jadis par l'école décentralisatrice disparaîtraient par ce seul fait que le Conseil serait absolument indépendant de toute élection politique et pur de toute intrigue démagogique.

L'adoption du principe que je viens d'émettre et qui ressort de l'état constitutif du pays étudié attentivement, non d'une spéculation d'un esprit ingénieux, remédierait en même temps à l'anomalie dangereuse constatée par quiconque s'étant occupé d'administration, a été frappé de ce fait que les conseils municipaux sont toujours élus sous l'empire de passions étrangères aux intérêts dont ils ont à connaître.

Ce fait qui existe aussi bien dans les petites communes que dans les villes, bien qu'avec des caractères différents, ne doit pas être reproché au suffrage universel, comme il l'est trop souvent par des esprits superficiels.

Le suffrage universel, en effet, très apte à trancher les questions qui ressortissent à l'instinct national, ne peut assurément pas dire si tel ou tel candidat possède les connaissances nécessaires à remplir des fonctions municipales, et il ne peut être responsable des erreurs de compétence que vous commettez en le consultant sur des choix pour lesquels il a, depuis vingt-cinq ans, sans cesse déclaré son incompétence en répondant par des choix politiques à des questions d'administration. Le suffrage universel serait-il coupable de ne pas satisfaire les législateurs qui s'aviseraient de lui faire choisir les magistrats de la Cour des Comptes ou les inspecteurs des Finances? et parce qu'il n'est pas compétent pour ces choses, est-ce une raison pour ne plus vouloir le consulter sur des matières qui sont de sa compétence naturelle et légitime? Les commerçants qui composent les tribunaux consulaires seraient incapables de résoudre les questions ardues du droit

civil; on ne songe pas pour cela à supprimer les tribunaux consulaires qui apprécient plus promptement
et plus sainement que tous autres les questions d'é-
quité commerciale; mais on maintient en même temps
aux tribunaux civils le jugement des procès concer-
nant les choses de la vie civile.

Donc, chaque mairie devrait dresser, outre la liste
des citoyens français qui résident dans la commune,
liste de l'électorat politique, une deuxième liste des
personnes ayant droit de cité dans la commune, liste
de l'électorat municipal. Les magistrats élus par les
électeurs municipaux formeraient un conseil municipal qui, représentant le véritable intérêt communal,
l'intérêt de la propriété commune, n'aurait plus besoin
pour délibérer sur les questions financières, de se
créer une compétence factice par l'adjonction des plus
imposés. Ceux-ci n'ont pas, en effet, plus d'intérêt ni
plus d'aptitude à la bonne gestion communale que les
propriétaires moins imposés, et leur introduction
dans les conseils constitue une exception malheu-
reuse à la tradition du droit public français qui donne
toujours le contrôle à un corps électif. Et qu'on ne
craigne pas les conflits parce que deux tendances
bien distinctes, quoique moins opposées qu'elles ne
le paraissent, la tendance conservatrice et la tendance
démocratique ou progressive auront chacune sa représentation, l'une dans le conseil, l'autre dans le maire ;
chacune ayant son écoulement naturel, les chocs

seront moins à craindre. Du reste, l'administration supérieure sera là pour maintenir l'équilibre entre ces deux tendances, et surtout entre les personnes qui les représenteront.

Je vais plus loin :

Dans tout mécanisme, dans tout organisme, il existe deux forces, la force d'impulsion et la force de résistance ou point d'appui ; la combinaison entre ces deux forces produit le mouvement, l'action, la puissance, la vie.

Si la résistance qui contient l'expansion de la vapeur n'est pas suffisante, la machine éclate ou bouscule ce qu'elle rencontre, tout est détruit.

Si c'est la force d'impulsion qui ne suffit pas, vous avez la stagnation, partant aucun profit.

Toute déperdition de force produite est onéreuse, donc l'équilibre doit toujours s'obtenir en stimulant la force jugée trop faible, jamais en supprimant celle qui est plus grande.

Ces règles sont tellement vraies, que nous les retrouvons partout, aussi bien dans la mécanique que dans l'organisme animal, où nous voyons à côté des nerfs, les muscles et le système sanguin.

Les hommes d'État prétendent qu'elles sont vraies aussi dans toute société organisée, et je suis bien porté à les croire. Nous constatons, en effet, dans les pays à l'abri des révolutions, l'existence simultanée de deux principes ou de deux idées dont chacune a son expression dans les institutions locales et nationales.

En Angleterre où nos politiqueurs aiment tant à chercher leurs exemples, la force d'impulsion, la démocratie, n'est pas encore arrivée à son développement, mais l'idée de progrès est représentée par le corps électoral dont l'extension s'opère lentement et progressivement; en regard, se trouve une force de résistance, l'aristocratie terrienne, organisée en corps politique dont la puissance s'exerce partout, depuis la plus lointaine province où le lord possède encore des droits de justice et d'administration locale qui étaient abolis chez nous avant la révolution de 1789, jusqu'à la capitale où, siégeant par droit de naissance dans la Chambre-Haute, les pairs de la couronne ont une action politique très efficace pour arrêter les entraînements que pourrait subir la Chambre des Communes.

En France, la démocratie est en pleine sève, elle vit et elle veut vivre, elle est depuis longtemps sortie de l'enfance, et, comme l'adolescent ou l'adulte, elle renverserait tout obstacle que rencontrerait sa force d'expansion qui est immense. Mais je me demande si cette force n'a pas un corrélatif: Il n'y a pas en face d'elle de classe qui puisse jouer le rôle de l'aristocratie terrienne anglaise; notre aristocratie terrienne a cessé d'exister depuis Richelieu; les quelques titres

de noblesse qui transmettent de génération en géné-
ration le souvenir de nos gloires militaires, ne donnent aucun droit, aucun privilége administratif, judi-
ciaire ou financier; ils ne constituent donc pas non
plus une aristocratie.

Et s'il y a des bourgeois en ce sens que, quiconque
est propriétaire ou rentier, cesse d'être prolétaire, ces
bourgeois n'ont aucune cohésion entre eux, aucune
idée qui leur soit spéciale et qui les groupe pour la
recherche d'un but commun; tel qui est bourgeois,
dans le sens vulgaire du mot, peut, demain, redevenir
prolétaire s'il perd son avoir, et tel prolétaire peut
être bourgeois demain sans cesser d'appartenir à la
démocratie qui est toute la nation.

Mais s'ensuit-il que nous n'ayons en France qu'une
seule idée dirigeante, l'idée d'accroissement? Je ne le
crois pas ; j'affirme même que le sentiment conservateur est aussi intense chez le peuple français que chez
aucun autre peuple, et que, si chacun dépense une
initiative puissante et inconnue des autres nations
pour produire, s'enrichir et grandir, le besoin de gar-
der et de transmettre à ses enfants les biens acquis
est non moins puissant. Pourquoi ne pas donner à ce
sentiment une expression nationale, pourquoi empêcher le développement d'une institution qui y corres-
ponde et qui le mette en œuvre? Je l'ai dit à propos
de mécanique : si de deux forces correspondantes
l'une est plus [grande que l'autre, il faut accroître

la plus petite et profiter de toute la plus grande.

Je n'ai certes pas la prétention de refaire la constitution de la France et je ne vise pas, comme M. Pradié, à choisir les fonctionnaires, les notables qui devront exercer une influence sur le suffrage universel. Je suis convaincu que le suffrage universel résisterait à la pression de tous les conseils cantonaux aussi arbitrairement qu'ingénieusement composés par M. Pradié. Une constitution ne peut être l'œuvre d'un homme; une nation comme un individu est née avec certains principes vitaux et certains éléments morbides; les circonstances développent plus ou moins les uns et les autres. Il n'appartient pas au médecin de faire qu'un enfant soit sanguin ou bilieux; le législateur ne peut pas plus faire qu'une nation soit démocratie, aristocratie ou théocratie; il serait insensé de la part du médecin qui rencontre un sujet très nerveux de lui prescrire l'usage habituel des opiacés; c'est cependant ainsi que procèdent les novateurs qui reconnaissant et redoutant la puissance de la démocratie cherchent à la paralyser, à la rapetisser jusqu'au niveau de leurs conceptions personnelles. Mais le médecin peut et doit chercher à développer les forces physiques qui fourniront un élément à l'activité nerveuse; il n'est pas interdit non plus de chercher à découvrir dans notre état social la puissance capable de fournir un point d'appui à l'expansion démocratique et de la contenir en la réglant.

Cette puissance, je crois en apercevoir le germe dans l'électorat municipal dont les fonctions se trouveront bientôt prendre une immense importance si l'on admet le principe que le contrôle du pouvoir exécutif ne doit pas avoir la même base que le pouvoir exécutif lui-même.

On devra en effet appliquer ce principe au département comme à la commune, et soit qu'on fasse élire les assemblées départementales directement par le corps électoral qui représentera la propriété et la stabilité, soit qu'on le compose, comme je le préfère, de délégués des Conseils municipaux ou des Conseils cantonaux composés eux-mêmes par les délégations communales, les Conseils généraux cesseront en tout cas d'être élus par le corps électoral national et politique.

Et s'il est vrai que deux Chambres soient nécessaires pour se contrôler et s'équilibrer, on aura dans les Conseils départementaux des corps tout prêts à élire, à leur tour, avec maturité des délégués ou sénateurs qui représenteront les intérêts locaux et conservateurs à côté de l'Assemblée nationale chargée plus spécialement des intérêts moraux et politiques.

Peu importerait alors que, dans la Chambre politique, la majorité fût plus ou moins conservatrice ou progressiste, puisqu'elle aurait dans le Sénat ou Chambre des communes un contre-poids tout naturel et que le Pouvoir exécutif issu du suffrage universel serait là pour tenir la balance et en cas de besoin en appeler au pays des décisions de l'une ou l'autre Chambre.

Ayant parlé du troisième pouvoir, issu, comme l'Assemblée nationale, du suffrage universel, je dois m'arrêter un instant à l'objection qui sera faite nécessairement que sur trois pouvoirs, deux auront la même origine démocratique. Cette communauté d'origine est vraie en ce sens que c'est bien le même corps électoral qui conférera le mandat des députés et celui du chef de l'exécutif. Mais ce corps électoral n'agira pas dans les deux cas de la même manière, et les mandats qu'il donnera seront de nature absolument différentes. Quand il s'agit d'élire une dynastie ou un président de République, le peuple tout entier vote sur un nom connu de tous, soit par la naissance de celui qui le porte, soit par les services qu'il a rendus au pays, et délègue à son élu sa propre souveraineté ; il s'incarne pour ainsi dire dans la personne du chef qu'il se donne pour un temps peut-être indéfini et toujours d'une longue durée ; au contraire, chacun des députés qui composent l'Assemblée nationale n'a reçu son mandat que d'une fraction du corps électoral, et cette fraction ne possédant pas la souveraineté, n'a pu la déléguer, elle n'a pu donner que le droit de la représenter et de faire prévaloir ses idées, ses goûts, ses besoins sur les idées, les goûts, les besoins des autres fractions du corps électoral. Ces mandats limités, quelquefois impératifs, ont donc entre eux des caractères aussi variés que les controverses, les rivalités et les passions locales qui ont surgi pendant la période électorale, et ayant des natures différentes, et souvent des objectifs contraires, ils ne peuvent s'additionner; partant ils ne peuvent jamais constituer un pouvoir unique équivalent à celui qui est donné à un seul par tous.

Ce système d'organisme représentatif que je viens d'exposer sommairement, je ne veux pas le discuter en détail, et surtout examiner quelles seraient les attributions des trois pouvoirs, et ce pour plusieurs raisons.

D'abord, j'ai écrit ces quelques pages uniquement pour poser un principe que je crois indiqué par la nature des choses, par l'état de nos mœurs et de nos institutions, le principe de la distinction entre l'intérêt communal et l'intérêt national, entre le droit d'être électeur national et le droit d'être électeur de la commune.

Noyer ce principe dans des théories, sur l'organisation à laquelle il peut donner naissance, ce serait m'exposer à faire rejeter le principe à cause des défauts inhérents à tout système théorique.

Ce serait en outre rechercher pour adversaires tous

les autres systèmes qui peuvent aussi bien que celui des délégations successives, se greffer sur le principe de la séparation des électorats, par exemple celui de l'élection directe du Sénat par le corps électoral communal.

Ensuite, je comprends très bien que mon projet ne trouvera d'appui dans aucune partie de la Chambre ; les royalistes ne peuvent admettre le suffrage universel comme base de la souveraineté ; les radicaux n'accepteront pas la nécessité d'une seconde Chambre où l'on ne puisse pénétrer d'un bond par une émotion populaire ; quant aux impérialistes, ils sont, pour la plupart, trop habitués à l'autorité personnelle pour prévoir la nécessité d'un contrôle indépendant s'exerçant hiérarchiquement depuis la plus petite commune jusqu'à l'un des grands corps de l'Etat.

Et pourtant l'envahissement de la Chambre des députés par une émeute ou par la troupe ne serait plus tenté, parce qu'il serait inutile, si les droits de la volonté nationale ainsi violée pouvaient être maintenus par un Sénat procédant lui-même de l'élection, et si ce Sénat, dispersé à son tour, pouvait être reconstitué immédiatement par les Conseils généraux légalement chargés de le nommer.

Je veux toutefois indiquer quelques-uns des avantages du système de deux pouvoirs de nature et d'origine différentes basés sur deux forces constitutives du pays et s'exerçant parallèlement depuis le bas usqu'au haut de l'échelle gouvernementale sur tous les projets soumis à la commission des Trente, qui ous procèdent de la peur inspirée à leurs auteurs par le suffrage universel qu'ils essaient d'atrophier parce qu'ils ne savent pas définir sa compétence; si d'un côté nous avons la netteté, la vigueur, la vitalité produites par toutes les forces vives de la nation, de l'autre nous ne trouvons que confusion et impuissance.

Quoi de plus confus en effet que les impressions qui poussent M. Dufaure à étendre la durée du domicile exigé pour voter sur le choix d'un député ou sur une question soumise à un plébiscite de la part de citoyens que saisit partout la loi militaire, alors qu'il laissera voter le budget communal par des habitants qui, pour être accidentellement depuis trois ans dans la même commune, n'y auront cependant aucune attache. Le projet de M. Pradié n'a pas de base plus logique; ses conseils cantonaux formés en partie par l'élection, en partie par une catégorisation arbitraire, ne trouvent une raison d'être ni dans la tradition ni dans un besoin manifeste des populations. Ces projets, tout hostiles qu'ils soient aux tendances égalitaires n'en sont pas plus conservateurs : les quelques milliers d'électeurs que M. Dufaure exclut du scrutin ne modifient pas la direction générale de la volonté nationale, et les quelques bourgeois ou fonctionnaires que M. Pradié choisit pour chefs de la démocratie ne trouveraient pas de soldats qui voulussent leur obéir.

Le projet que j'ai esquissé est au contraire tout à la fois conservateur et démocratique : conservateur puisqu'il donne une action réelle et spéciale aux personnes qui ont les instincts de la stabilité et de la possession ; démocratique puisque, d'une part, si tous les citoyens français ne sont pas électeurs communaux, tous peuvent le devenir, soit en acquérant une propriété si petite soit-elle, soit en rentrant dans la commune où ils sont nés, et que, d'autre part, le Pouvoir exécutif et l'une des Chambres étant choisis par le suffrage universel, c'est le pays tout entier qui sera le souverain juge en cas de conflit entre les tendances opposées.

Mais je l'ai déjà fait entendre, vouloir enserrer un peuple dans une charte imaginée par le génie d'un homme toujours inférieur à l'esprit de tout le monde, c'est faire une œuvre téméraire. Il n'y a de Constitutions fortes que celles qui sont créées par Dieu, modifiées par les circonstances, améliorées par des tempéraments opportuns.

J'ai cherché à mettre en saillie la différence des principes de nos institutions françaises.

Attendons l'œuvre du temps et du génie national.

Paris. — Imprimerie Balitout, Questroy et Cᵉ, 7, rue Baillif.